Autores varios

Acta de Federación de las Provincias Unidas de la Nueva Granada

Barcelona 2024
Linkgua-ediciones.com

Créditos

Título original: Acta de Federación de las Provincias Unidas de la Nueva Granada.

© 2024, Red ediciones S.L.

e-mail: info@linkgua.com

Diseño de cubierta: Michel Mallard.

ISBN rústica ilustrada: 978-84-9953-812-9.
ISBN ebook: 978-84-9953-873-0.

Sumario

Brevísima presentación

El Acta de Federación de las Provincias Unidas de la Nueva Granada fue promulgada por las provincias que formaban parte del territorio central del Virreinato de la Nueva Granada (que no pertenecían a la Capitanía General de Venezuela o a la Presidencia de Quito).

Tras la celebración de dos Congresos republicanos, en diciembre de 1810, y en el 27 de noviembre de 1811, se promulgó la presente Acta de la Federación de las Provincias Unidas de la Nueva Granada. Sus principales ideólogos eran

Camilo Torres Tenorio,
Juan Nepomuceno Niño,
José Joaquín Camacho
y Miguel de Pombo.

Nacía así un país que existió hasta 1816. En ese año la campaña de reconquista de Pablo Morillo, restituyó los territorios del antiguo virreinato de Nueva Granada, al rey Fernando VII de España.

Acta de la Federación de las Provincias Unidas de Nueva Granada

27 de noviembre de 1811
Nueva Granada

En el nombre de la Santísima Trinidad, padre, hijo y espíritu santo. Amén, Nos los representantes de las provincias de la Nueva Granada que abajo se expresarán, convenidos en virtud de los plenos poderes con que al efecto hemos sido autorizados por nuestras respectivas provincias, y que previa y mutuamente hemos reconocido y calificado, considerando la larga serie de sucesos ocurridos en la península de España, nuestra antigua metrópoli, desde su ocupación por las armas del emperador de los franceses Napoleón Bonaparte; las nuevas y varias formas de gobierno que entretanto y rápidamente se han sucedido unas a otras, sin que ninguna de ellas haya sido capaz de salvar la nación; el aniquilamiento de sus recursos cada día más exhaustos, en términos que la prudencia humana no puede esperar un buen fin; y últimamente los derechos indisputables que tiene el gran pueblo de estas provincias, como todos los demás del universo, para mirar por su propia conservación, y darse para ello la forma de gobierno que más le acomode, siguiendo el espíritu, las instrucciones y la expresa y terminante voluntad de todas nuestras dichas provincias, que general, formal y solemnemente han proclamado sus deseos de unirse a una asociación federativa, que remitiendo a la totalidad del Gobierno general las facultades propias y privativas de un solo cuerpo de nación reserve para cada una de las provincias su libertad, su soberanía y su independencia, en lo que no sea del interés común, garantizándose a cada una de ellas estas preciosas prerrogativas y la integridad de sus territorios, cumpliendo con este religioso deber y reservando para mejor ocasión o tiempos más tranquilos la Constitución que arreglará definitivamente los intereses de este gran pueblo; hemos acordado y acordamos los pactos de federación siguientes:

Artículo 1. El título de esta confederación será: Provincias Unidas de la Nueva Granada.

Artículo 2. Son admitidas y parte por ahora de esta confederación todas las provincias que al tiempo de la revolución de la capital de Santafé en veinte de julio de mil ochocientos diez, eran reputadas y consideradas como tales, y que en continuación y en uso de este derecho resumieron desde aquella época su gobierno y administración interior, sin perjuicio no obstante de los pactos o convenios que hayan hecho o quieran hacer algunas de ellas y que no se improbarán en lo que no perjudique a la Unión.

Artículo 3. Lo serán asimismo aquellas provincias o pueblos que no habiendo pertenecido en dicha época a la Nueva Granada, pero que estando en cierto modo ligados con ella por su posición geográfica, por sus relaciones de comercio u otras razones semejantes, quieran asociarse ahora a esta federación, o a alguna de sus provincias confinantes, precediendo al efecto los pactos y negociaciones que convengan con los Estados o cuerpos políticos a quienes pertenezcan, sin cuyo consentimiento y aprobación no puede darse un paso de esta naturaleza.

Artículo 4. En todas y cada una de las provincias unidas de la Nueva Granada se conservará la santa religión Católica, Apostólica, Romana, en toda su pureza e integridad.

Artículo 5. Todas y cada una de las Provincias Unidas y que en adelante se unieren de la Nueva Granada, o de otros Estados vecinos, desconocen expresamente la autoridad del Poder Ejecutivo o Regencia de España, Cortes de Cádiz, Tribunales de Justicia y cualquiera otra autoridad subrogada o sustituida por las actuales, o por los pueblos de la península, en ella, sus islas adyacentes, o en cualquiera otra parte, sin la libre y espontánea concurrencia de este pueblo. Así, en ninguna de dichas provincias se obedecerá o dará cumplimiento a las órdenes, cédulas, decretos o despachos, que emanaren de las referidas autoridades; ni de ninguna otra constituida en la península de cualquiera naturaleza que sea, civil, eclesiástica o militar, pues las dichas provincias solo reconocen por legítimas y protestan obedecer en su distrito a las que sus respectivos pueblos hayan constituido con las facultades que le son privativas; y fuera de él a la Confederación de las Provincias Unidas, en las que por esta Acta le son delegadas y le correspondan para la conservación y desempeño de los intereses y objetos de la unión; sin que por esto se rompan tampoco los vínculos de fraternidad y amistad, ni las relaciones de comercio que nos unen con la España no ocupada, siempre que sus pueblos no aspiren a otra cosa sobre nosotros y mantengan los mismos sentimientos que manifestamos hacia ellos.

Artículo 6. Las Provincias Unidas de la Nueva Granada se reconocen mutuamente como iguales, independientes y soberanas, garantizándose la integridad de sus territorios, su administración interior y una forma de gobierno republicano. Se prometen recíprocamente la más firme amistad y alianza, se juran una fe inviolable y se ligan con un pacto eterno, cuanto permite la miserable condición humana.

Artículo 7. Se reservan pues las provincias en fuerza de sus derechos incomunicables:

1.º La facultad de darse un gobierno como más convenga a sus circunstancias, aunque siempre popular, representativo y análogo al general de la Unión, para que así resulte entre todas la mejor armonía, y la más fácil administración, dividiendo sus poderes, y prescribiéndoles las reglas bajo las cuales se deben conducir;

2.º La policía, el gobierno interior y económico de sus pueblos, y nombramiento de toda clase de empleados;

3.º La formación de sus códigos civiles y criminales;

4.º El establecimiento de juzgados y tribunales superiores e inferiores en donde se fenezcan los asuntos judiciales en todas sus instancias;

5.º La creación y arreglo de milicias provinciales, su armamento y disciplina para su propia defensa, y la de las provincias unidas cuando lo requiera el caso

6.º La formación de un Tesoro particular para sus respectivas necesidades por medio de las contribuciones y arbitrios que tengan por convenientes, sin perjuicio de la Unión ni de los derechos que después se dirán;

7.º La protección y fomento de la agricultura, artes, ciencias, comercio, y cuanto pueda conducir a su felicidad y prosperidad;

8.º Últimamente todo aquello que no siendo del interés general, ni expresamente delegado en los pactos siguientes de federación, se entiende siempre reservado y retenido. Pero

ceden a favor de la Unión todas aquellas facultades naciona-
les y las grandes relaciones y poderes de un Estado, que no
podrían desempeñarse sin una representación general, sin la
concentración de los recursos comunes, y sin la cooperación
y los esfuerzos de todas las provincias.

Artículo 8. Para asegurar el goce de tan preciosos derechos,
para consolidar esta unión, y para atender a la defensa común, las provincias confederadas se obligan a prestarse mutuamente, cuantos auxilios sean necesarios contra toda vio-
lencia o ataque interior o exterior, que se dirija a turbar el
uso de ellas, contribuyendo con armas, gente y dinero, y por
todos los medios que estén en su alcance; sin dejar las armas
de la mano, no desistir de este empeño hasta que no haya
cesado el peligro, y esté asegurada la libertad particular de la
provincia amenazada o invadida; o la general y común.

Artículo 9. Prometen asimismo todas ellas, que concurrirán
al bien universal, haciendo el sacrificio de sus intereses particulares, cuando la reserva de ellas pudiera ser perjudicial al
bien común, prefiriendo éste en todo evento al suyo propio,
y mirando al gran pueblo de la Nueva Granada en todas sus
provincias, como amigos, como aliados, como hermanos y
como conciudadanos.

Artículo 10. Pero como nada de lo dicho podría hacerse sin
un cuerpo depositario de altas facultades, conservador de los
derechos de los pueblos, y director de sus medios y sus recursos, los diputados representantes de las provincias, en virtud
de sus ya dichos plenos poderes, se constituirán en un cuerpo
o Congreso en quien residirán todas las facultades ya dichas
y las más que abajo se expresarán, compuesto por ahora de

uno o dos individuos por cada una de las provincias con perfecta igualdad y en lo sucesivo con arreglo a la población según la base que se adopte, pero sin que en ningún caso ninguna provincia por pequeña que sea deje de tener una voz en el Congreso.

Artículo 11. El Congreso de las Provincias Unidas se instalará o formará donde lo tenga por conveniente, trasladándose sucesivamente si fuere necesario a donde lo pidan las ventajas de la Unión, y principalmente la defensa común; y en cualquiera parte donde resida ejercitará, libre y seguramente, todas las altas facultades de que está revestido con entera soberanía e independencia.

Artículo 12. La defensa común es uno de los primeros y principales objetos de esta unión, y como ella no pueda obtenerse sin el auxilio de las armas, el Congreso tendrá facultad para levantar y formar los ejércitos que juzgue necesarios, y la fuerza naval que permitan las circunstancias, quedando a su disposición los buques de guerra, y las fuerzas de mar y tierra que hoy tenga cada una de las provincias y que marcharán a donde se les destine; bien entendido que siempre que militaren con este objeto y bajo las órdenes del Congreso, ellas y todos sus gastos serán pagados del fondo común de las provincias.

Artículo 13. La guarnición de las plazas y fronteras, sujeta como lo debe estar a las órdenes de la Unión, dependerá solo de ella; pero en las circunstancias actuales en que urgen los peligros, y en que no sería fácil ocurrir a ellos sin una inmediata autoridad que reglase sus movimientos, y dirigiese sus operaciones, quedará sometida por delegación a los gobiernos respectivos; bien que con la precisa obligación de dar cuenta y esperar las órdenes del Congreso en todo lo que no sea de urgente necesidad, y en lo demás a su debido tiempo.

Artículo 14. Lo mismo que se ha dicho de la guarnición deberá entenderse respecto de las fuerzas navales y cuerpos facultativos, cuya dirección, organización, nombramiento de oficiales de todos grados, así como el establecimiento de arsenales y apostaderos de marina, construcción y armamento de buques de guerra, son de la privativa autoridad del Congreso; pero quedarán por ahora bajo la inmediata inspección de los respectivos gobiernos, en los términos y con las limitaciones ya dichas.

Artículo 15. Tendrá facultad el Congreso para asignar a cada una de las provincias el número de milicias con que deba contribuir para la defensa común, arreglado a las circunstancias en que se halle respecto del enemigo, sus proporciones o recursos en este género y su población. Las hará marchar la Provincia, vestidas, armadas y equipadas de todo lo necesario dentro del término que se le señale, y al lugar que se les destine; pero los gastos que se hicieren desde el momento en que entraren al servicio de la Unión, se pagarán del tesoro común, lo mismo que va dicho respecto de las tropas regladas. Los oficiales de unas y otras, hasta el grado de coronel, inclusive, serán nombrados por las provincias; pero de allí arriba lo serán por el Congreso cuando disponga de ellas, y principalmente los comandantes o generales en jefe de cualquier expedición.

Artículo 16. Las provincias cuidarán de proveerse a la mayor brevedad de las armas necesarias, blancas y de fuego a que estén acostumbradas sus gentes o en que deban instruirse en lo sucesivo, y principalmente de cañones, trenes y equipajes de campaña con sus respectivas municiones, manteniéndose todo pronto en almacenes para luego que sean llamadas.

Artículo 17. Al mismo fin no perderán momento en disciplinarse formando compañías y cuerpos según lo permitan sus poblaciones, ejercitándolos uno o dos días en la semana, pero principalmente los festivos después de la asistencia a la misa de sus parroquias, como una ocupación que además de su utilidad para la Patria, y de distraerlos de otras, tal vez no igualmente sanas, es hoy la que puede considerarse como más apta a los ojos de Dios por deber emplearse sus servicios en defensa de la misma Patria, de sus más caros derechos, y de la religión de nuestros padres amenazada; y así deberán hacérselo entender todos los párrocos excitados por la autoridad civil, si no cumplieren de su propio movimiento, lo que no es de esperarse, con este religioso deber.

Artículo 18. El Congreso tendrá facultad para hacer las ordenanzas y reglamentos generales y particulares que convengan para la dirección y gobierno de las fuerzas marítimas y terrestres mientras subsistan; y podrá asimismo hacerlo para las milicias de todas las provincias, dejando al cuidado de éstas instruirlas y disciplinarlas conforme a ellos, para que en todo evento se cuente con un sistema uniforme en los ejércitos de la Unión. Pero cesando los motivos de la actitud guerrera en que hoy nos ponen las circunstancias, ninguna provincia podrá mantener tropa reglada, ni buques de guerra, sino lo que sea puramente preciso de uno y otro para la guarnición de plazas y fronteras, y para la protección del comercio; y esto a disposición y bajo la autoridad del Congreso.

Artículo 19. Los puertos y aquellas provincias de la Nueva Granada que aún gimen bajo la opresión de sus antiguos mandones, deben ser el primer objeto de la defensa, y de la tierna solicitud del Congreso, asegurando los primeros contra toda invasión externa y redimiendo a las segundas de las cadenas que hoy las oprimen, para que, sacudido el yugo y explicada libremente su voluntad, se constituyan en otros tantos gobiernos libres e independientes como los que ya componen felizmente esta Unión.

Artículo 20. Mas como nada de esto podrá conseguirse sin un fondo y un tesoro nacional que ocurra a los grandes gastos que demanda la salvación de la Patria y la seguridad común en tiempos en que tendremos que luchar con enemigos externos e internos, o que por lo menos la prudencia dicta temer, y ella misma aconseja que para evitarlos o vencerlos nos hallen prevenidos: el Congreso tendrá facultad para establecer impuestos, exigir contribuciones o derechos sobre todos aquellos objetos y en todas aquellas materias que sean de un interés general, y no privativas y especiales de ninguna provincia en particular, y también para repartir cuotas o contingentes extraordinarios a cada una de ellas con arreglo a su población y demás circunstancias, siempre con igualdad y una equitativa proporción y que deberán aprontar y suministrar las respectivas legislaturas, juntas o gobiernos sin réplica ni excusa y quedando responsables en esta parte a las demás provincias por los males que la comisión pudiera causar, y sujetas a las providencias que en consecuencia tuviere a bien tomar el Congreso, bien para hacer efectivo el contingente, bien para asegurarlo de otro modo a costa de la provincia omisa o negligente.

Artículo 21. En fuerza pues de estos principios, y considerándose de naturaleza común los derechos de aduana de los puertos y plazas o lugares fronterizos en donde solamente los deberá haber respecto del comercio extranjero, y que en su último resultado se exigen de todas las provincias de la Unión a donde se difunden, y en donde se consumen las mercaderías que se internan por dichos puertos o lugares fronterizos; las aduanas y todos sus productos en ellas quedan a beneficio común, y constituirán uno de los fondos de la Confederación sin que dichos puertos, plazas o lugares fronterizos puedan impedir ni gravar el comercio extranjero (entendido por éste aun el español o de los puertos de la península de España, e islas adyacentes y de otros estados, reinos, provincias, islas o continentes de América que no sean de la Nueva Granada) y con nuevas contribuciones, ni especie alguna de trabas que puedan perjudicar el bien común, y no estén expresamente establecidas, aprobadas y mandadas por el Congreso general.

Artículo 22. Son igualmente un fondo ordinario del Congreso los productos de las casas de monedas hoy existentes en el mismo reino, y cualesquiera otras que en lo sucesivo se tenga a bien establecer en otra u otras provincias de la Unión, como que a ella solo toca sellar moneda, fijar la ley y asignar el valor. En consecuencia las dichas dos casas actuales de fabricación de Santafé y Popayán, quedan inmediata, directa y únicamente bajo la autoridad del Congreso, y todos sus productos se tendrán a su disposición.

Artículo 23. Queda a la generosidad de las provincias la cesión de aquellas tierras baldías que existen dentro de sus límites conocidos y habitados de sus territorios, y que algún día con la naturalización de extranjeros, o aumento de la población, pudieran producir un fondo considerable al Congreso; pero se reputarán indisputablemente de éste todas las que hoy se pueden considerar nullius, por estar inhabitadas y fuera de los límites conocidos de las mismas provincias, aunque comprendidas bajo la demarcación general del Reino y de sus líneas divisorias con otras potencias y estados, o antiguos virreinatos, tales como las que bañan el alto Amazonas, Napo, Putumayo, Caquetá, Guaviare y otros ríos que descargan en el primero, o en el grande Orinoco, y en donde a su tiempo se establecerán nuevas poblaciones que hagan parte de esta Unión, a donde por lo menos conviene mantener lugares fronterizos que nos deslinden y dividan de las naciones vecinas que hoy ocupan la costa oriental de la América Meridional.

Artículo 24. No por esto se despojará ni se hará la menor vejación o agravio a las tribus errantes, o naciones de indios bárbaros que se hallen situadas o establecidas dentro de dichos territorios; antes bien se las respetará como legítimos y antiguos propietarios, proporcionándoles el beneficio de la civilización y religión por medio del comercio y por todas aquellas vías suaves que aconseja la razón y dicta la caridad cristiana, y que solo son propias de un pueblo civilizado y culto; a menos que sus hostilidades nos obliguen a otra cosa.

Artículo 25. Por la misma razón podremos entrar en tratados y negociaciones con ellos sobre estos objetos, protegiendo sus derechos con toda la humanidad y filosofía que demanda su actual imbecilidad, y la consideración de los males que ya les causó, sin culpa nuestra, una nación conquistadora.

Artículo 26. Pero, si dentro de los límites conocidos de las provincias, o entre provincia y provincia, hubiera naciones de esta clase, ya establecidas que hoy pudieran hacer cómodamente parte de esta unión o de las mismas provincias, principalmente cuando ya no las aterra un tributo ignominioso, ni un gobierno bárbaro y despótico, como el que ha oprimido a sus hermanos, por trescientos años, se las convidará y se las atraerá por los medios más suaves, cuales son regularmente los del trato y el comercio, a asociarse con nosotros, y sin que sea un obstáculo su religión, que algún día cederá tal vez el lugar a la verdadera, convencidos con las luces de la razón y el evangelio que hoy no pueden tener.

Artículo 27. Pudiera ser también fondo del Congreso alguna mina particular y preciosa que hoy no sea propiedad de ninguna provincia en particular, o que ella ceda voluntariamente a la Unión, o ésta la adquiera y compre con sus mismos fondos para explotarla y beneficiarla de cuenta del Estado, como ya se practica en todos los que pueden aliviar de este modo las contribuciones directas o indirectas de sus pueblos con grande utilidad y beneficios de estos mismos que hayan en estos establecimientos, a más de lo dicho, una honesta ocupación y trabajo para emplear útilmente sus brazos.

Artículo 28. Lo será el establecimiento de alguna gran fábrica o invento, principalmente de aquellos a que no alcancen las rentas o facultades de una provincia. Pero así en este arbitrio como en el antecedente la Unión será muy reservada para no arrojarse en proyectos que tal vez tienen más de apariencia y ostentación que de verdadera utilidad, o que no son para estos tiempos, pudiendo solo servir estas indicaciones para hacer conocer a las provincias que las cargas que hoy llevan son temporales, que algún día mejorará su suerte, y que cuando tranquilos podamos dedicarnos al bien común sin exigir nada de ellas que le sea doloroso, refluirán en su beneficio todas las rentas del Estado, y los cuidados de un gobierno paternal.

Artículo 29. Si a pesar de estos arbitrios la Unión no alcanzare a cubrir los gastos de su instituto, como seguramente no puede hacerlo en las actuales circunstancias, el Congreso meditará y llevará a efecto cuantos estime convenientes, tales como tomar dinero a crédito sobre sus fondos y rentas, crear papel moneda, y hacer cuanto, atendida la necesidad, la urgencia de los peligros y la voluntad decidida de salvarse a todo trance de las Provincias Unidas, aconsejan, permiten y quieren que se haga las mismas circunstancias para obtener este supremo bien.

Artículo 30. Concluidos los apuros que hoy nos rodean, y cuando salva y triunfante, la Patria permita al Congreso volver sus ojos al bien interior, será su primer cuidado y se invertirán sus fondos en domiciliar en este país las artes y las ciencias que nos son desconocidas, en promover la agricultura, facilitar el comercio, abrir canales de comunicación, hacer navegables los ríos, ensanchar, abreviar y mejorar los caminos; en fin, en cultivar cuantos bienes podamos proporcionar a este suelo dichoso, y que sean algún día para las generaciones futuras el fruto de los desvelos que hoy consagramos a esta Patria querida.

Artículo 31. Hay otras materias que sin ser de las antedichas, esto es, sin tocar a los objetos de la defensa ni recursos con que para ella se debe contar, pertenecen igualmente al Congreso por su naturaleza común, por el interés general de las provincias, y por la autoridad soberana que aquél solo tiene para arreglarlas o administrarlas como el gran representante de la nación y tales serán las que se explicarán, fijarán o declararán en los Artículos siguientes.

Artículo 32. La renta de correos y sus dependencias o anexidades como postas y encomiendas, menos por sus rendimientos o utilidades que por su naturaleza que pide un arreglo uniforme, pertenecen igualmente al Congreso, y bajo su dirección serán gobernadas en toda la extensión del territorio de las provincias unidas por mar y por tierra; sin que de hoy más en adelante se paguen en ninguno de los puertos, gastos, carenas soldadas, ni fletamientos de buques algunos correos, sino los que se enviaren o estuvieren bajo las órdenes o a disposición del Congreso.

Artículo 33. Los pesos y medidas lo mismo que la moneda y su arreglo respectivo son una materia privativa del Congreso, y ninguna provincia en particular podrá alterarlas o variarlas; subsistiendo por ahora todas y las mismas que han gobernado hasta aquí, y que hoy son conocidas por todos los pueblos de la América española y por los extranjeros, mientras la Unión no resuelva otra cosa.

Artículo 34. Los caminos generales del Reino y particulares de provincia a provincia, ríos navegables o que lo puedan ser, puertos, embarcaderos, canales, diques, puentes y pasos de los mismos ríos, entradas y salidas y todo lo que pueda haber de este género como de una naturaleza común y pertenecientes a la totalidad de las provincias, están bajo la autoridad del Congreso, y seguirán en la misma libertad y comunicación que hasta aquí; sin que ninguna de ellas pueda poner trabas ni impedimentos al libre tránsito de los ciudadanos y sus efectos, ni más restricciones, pontazgos, peajes o derechos que aquellos a que estén generalmente sujetos sus respectivos habitantes y que no graven especial y determinadamente a los de otras provincias.

Artículo 35. Toca al mismo Congreso el arreglo del comercio interior entre provincia y provincia, bien que no se hará novedad por ahora en las prácticas establecidas, ni en la aplicación de sus productos, a menos que otra cosa exijan las necesidades del Estado, el bien general, o las reclamaciones de las mismas provincias, y siempre que no se grave el comercio extranjero como va dicho respecto de los puertos y aduanas fronterizas. Pero bien podrá una provincia en beneficio de su propia industria, prohibir la introducción de ciertos y determinados artículos para su consumo interior, o gravarlos con un nuevo derecho, con noticia y aprobación del Congreso; mas no deberá hacerlo respecto de otras provincias a donde será libre el tránsito por la suya, aun de los renglones o artículos así prohibidos, a menos que otra cosa se establezca por el mismo Congreso.

Artículo 36. Se exceptúan igualmente de la regla general para la libertad del comercio interior los descubrimientos útiles, la impresión o reimpresión de las obras originales de ingenio o nuevas traducciones, y los grandes establecimientos de máquinas y fábricas desconocidas en el Reino, y en cuyo beneficio el Congreso dará cuando lo tenga por conveniente, y con los miramientos y reservas oportunas, por un tiempo limitado, privilegios exclusivos respecto de sus autores o introductores a que no podrán contravenir las provincias.

Artículo 37. No se hace novedad por ahora en el comercio establecido y permitido con naciones amigas o neutrales, que continúen pacíficamente las relaciones de este género que hoy mantienen con nosotros, ni se les causará la menor molestia o vejación mientras ellas observen la misma conducta, armonía y buena correspondencia con nosotros. Pero al momento que rompan en hostilidades, o nos las causen de cualquier modo que sea, auxiliando a nuestros enemigos, invadiendo nuestras costas, apresando a nuestros buques y cargamentos, o molestando a nuestros comerciantes y pasajeros, individuos de la federación, en sus personas y propiedades, por razón de la causa que hoy sigue todo o casi todo el antiguo Reino de la Nueva Granada, o con otro pretexto; el Congreso repelerá con la fuerza y por todos los medios que estén a su alcance las violencias y agravios que se les hagan; permitirá las justas represalias, dará patentes de corso y exigirá y tomará las satisfacciones que pidan sus ofensas. Bien entendido que ninguna provincia en particular tendrá derecho para hacer ninguna de estas cosas, armar en corso, despachar patentes de él, tomar represalias, ni romper hostilidades aun en caso de verdaderos agravios, sino después de una formal declaración de guerra por el Congreso, o cuando en un peligro urgente de invasión u otro semejante, no sea fácil consultar y esperar su resolución.

Artículo 38. El juicio sobre las presas de mar y tierra que con éste o semejantes motivos pudieren hacer nuestros buques, reglamentos sobre ellas, o su calificación y aplicación, castigo de los delitos y piraterías cometidos en alta mar, y tribunales que deben conocer de ellos, y de todo lo tocante a jurisdicción marítima, pertenecen asimismo al Congreso.

Artículo 39. Siguiendo el sistema de paz y amistad con todas las naciones que no traten de hostilizarnos y respeten nuestros derechos, daremos asilo en nuestros puertos y provincias interiores, a todos los extranjeros que quieran domiciliarse pacíficamente entre nosotros, sujetándose a las leyes de esta Unión, y a las particulares y privativas de la provincia en que residan, y siempre que a más de las sanas intenciones con que se trasladen, traigan y acrediten entre nosotros algún género de industria útil al país de que puedan vivir, obteniendo al efecto la carta de naturalización o permiso del Congreso, ante quien se calificarán las circunstancias ya dichas principalmente en tiempos en que sería peligrosa una inmigración indiscreta.

Artículo 40. Son de la privativa inspección del Congreso las relaciones exteriores, ya sean con las naciones extranjeras, ya con los demás gobiernos y estados de América que no estén incorporados en esta Unión, y ninguna provincia en particular podrá entrar con ellas, o ellos, en tratados algunos de amistad, unión, alianza, comercio, límites, etc., declarar la guerra, hacer la paz, ni por consiguiente admitir o enviar agentes encargados de negocios, cónsules, comisionados, o negociadores públicos de ninguna especie; y en caso de ser dirigidos a ellas, los deberán encaminar inmediatamente o dar parte al Congreso General con los despachos o comunicaciones oficiales que hayan recibido sobre la materia.

Artículo 41. Entre las relaciones exteriores que deberá mantener el Congreso será una, y de la más estrecha recomendación que en esta parte le hacen las provincias, las de la Silla Apostólica, para ocurrir a las necesidades espirituales de los fieles en estos remotos países, promoviendo la erección de Obispados de que tanto se carece, y que tan descuidados han sido en el antiguo gobierno y todos los demás establecimientos, arreglos, concordatos, etcétera, en que conforme a la práctica y ley general de las naciones, debe intervenir la suprema potestad de un Estado para el bien espiritual de sus súbditos.

Artículo 42. Toca igualmente al Congreso la decisión sobre el patronato que hasta hoy han ejercido los reyes de España en América, por lo respectivo a las provincias de la Nueva Granada en general o cada una de ellas en particular, su permanencia, su administración, sus efectos o el uso de él, y demás incidencias para cuya determinación y perfecto arreglo, oirá el Congreso, si lo tiene por conveniente, a los prelados, universidades, cabildos eclesiásticos, cuerpos regulares, o promoverá la celebración de un concilio nacional en que se arreglen éste y otros puntos de disciplina eclesiástica, que tan imperiosamente exigen las circunstancias, en la incomunicación en que nos hallamos con la Silla Apostólica, y que probablemente no podremos tener en mucho tiempo; mientras cada día se aumentan las necesidades de la Iglesia y los fieles carecen de los recursos espirituales que toca a la suprema potestad de un Estado el proveer y velar que no les falten, como protectora natural de la Iglesia y como que en esta materia se interesa la conservación de uno de los primeros derechos de los pueblos, a saber: el de su culto y su conciencia.

Artículo 43. No pueden hacer las provincias entre sí, tratados algunos de amistad, unión, alianza, comercio, etc., sin la expresa noticia y aprobación del Congreso que la otorgará, si no fueren perjudiciales al bien común o a otra tercera, y los que se hubieren hecho hasta el presente desde el 20 de julio de 1810, época, como se ha dicho, de la transformación política del Reino, se someterán igualmente a su sanción, sin que puedan tener ni tengan fuerza alguna en todo lo que sea contrario a los pactos de esta Unión.

Artículo 44. Pertenecen al Congreso todas las disputas hoy pendientes, o que en adelante se susciten entre provincia y provincia sobre límites de su territorio, jurisdicción, comercio o cualquiera otro objeto en que siendo a un tiempo interesadas o partes, no pueden ser en el mismo, árbitros o jueces; y mucho menos cuando semejantes disputas o pretensiones puedan tener cierta trascendencia o perjudicar al bien general, y turbar la paz de las demás provincias. Por lo mismo, ningún gobierno de ellas podrá admitir o incorporar en su territorio pueblos ajenos, aun cuando se pretenda que sea con absoluta voluntad de ellos mismos o de sus respectivas provincias, sin que esto se haya hecho notorio al Congreso, y haya obtenido su sanción.

Artículo 45. Pero no por esto se impide la libre accesión o convenio de unos pueblos o provincias con otras, siempre que así lo pida el bien general y particular de los mismos pueblos para arreglar mejor su gobierno interior, su administración de justicia y otros bienes que les puedan resultar de la unión o incorporación. Antes bien el Congreso propenderá a ello, si de este modo se pueden arreglar mejor los límites de los territorios, igualar más las provincias como unidades de un todo tanto más perfecto, cuanto sean menos desemejantes o desproporcionadas sus partes, y aun deberá de oficio decretar la incorporación, accesión y unión a lo menos temporal cuando la provincia en su estado actual, escasee de recursos y de posibilidad de contribuir como las otras al bien general, exija la necesidad esta medida para su propio bien y el de las demás; mientras que aumentada su población y sus medios de existir logre la independencia, que desde hoy para entonces el mismo Congreso le garantiza.

Artículo 46. Los pueblos disidentes de una provincia deben sujetarse al voto de la pluralidad del cuerpo político de quien son parte; pero si se suscitaren diferencias entre dos partidos igualmente poderosos que no puedan conciliarse amistosamente entre sí, y que exijan una decisión formal de tercero imparcial no habiéndose convenido antes en bases o leyes fundamentales que decidan la cuestión, y en cuyo caso se estará precisamente a ellas, se someterán, antes que venir al peligroso y siempre funesto recurso de las armas, a la resolución del Congreso; que sin ingerirse en lo que no sea de su particular inspección, arreglará tan imparcial como amistosamente sus disputas, sugiriendo todos los medios de conciliación, y prescribiendo últimamente las reglas que deberán observar.

Artículo 47. Son del juicio y determinación del Congreso los pleitos y diferencias entre ciudadanos de diversas provincias, entre una de éstas y los habitantes de otra, y en general todas aquellas en que versándose el interés común de la Unión, o no bastando las respectivas facultades de las provincias para decidir las materias en cuestión, ni llevar a efecto sus resoluciones por no estar sometidos a su autoridad los contendores, o alguno de ellos, deben apelar al juicio de un tribunal superior e imparcial.

Artículo 48. Tienen derecho los habitantes libres, de todas y cada una de las provincias, a entrar en el territorio de las demás, traficar o comerciar en ellas y gozar de todos los privilegios e inmunidades de ciudadanos libres, sin más gravámenes, ni limitaciones que los que sufran sus mismos habitantes, y sin que pueda estorbárseles, ni el tránsito a otras, ni el regreso con sus efectos introducidos al lugar de donde han venido. Pero quedarán también entretanto sujetos a las demás leyes de la provincia particular en donde residan, negocien, comercien o delincan.

Artículo 49. Se exceptúan de esta regla los mendigos, vagos y prófugos de la justicia o por delitos cometidos en la provincia de donde huyen, y a cuya reclamación por medio de sus respectivos gobiernos serán entregados ellos y sus bienes sin réplica ni excusa.

Artículo 50. Para esto y todas las demás diligencias judiciales que ocurran entre provincia y provincia, se dará entera fe y crédito a sus respectivas actuaciones, registros, instrumentos, despachos, requisitorias, etc., comprobados y autorizados en debida forma, guardándose la mejor armonía y correspondencia para la buena administración de justicia entre provincia y provincia.

Artículo 51. Mas, como hasta el presente aún no se halla reunido el número de diputados de que debe constar el Congreso según la primera convocatoria de la anterior junta de Santafé, parte por la opresión en que yacen, como se ha dicho algunas de las provincias que los deben enviar, parte por las dificultades que han sobrevenido a otras que están dispuestas a hacerlo, se excitará por lo menos a las últimas para que verifiquen cuanto antes, si no lo han hecho, dichos nombramientos y se pongan en camino a la mayor brevedad sus diputados, nombrando cada una de ellas no uno, sino dos en calidad de primero y segundo como ya lo han hecho otras, y aun lo están practicando las que al principio solo habían elegido uno en fuerza de la citada convocatoria, para que así además de evitarse los inconvenientes de la enfermedad, ausencia, o falta de representación de la provincia por otro motivo, y entrando ambos en ejercicio se puedan distribuir oportunamente los poderes, formar comisiones, y repartir los trabajos que hoy deben ocupar la atención del Congreso.

Artículo 52. Los diputados, bien sea uno o dos por cada provincia, tendrán votos iguales; y debiendo considerarse para los objetos de su instituto más bien representantes de la Unión en general que de ninguna provincia en particular, pues sin salvarse aquélla, inútiles serían los esfuerzos por ésta, deliberarán y votar con plena y absoluta libertad, con tal que no se aparten de los pactos capitales y fundamentales de esta Unión, prefiriendo el bien de ella al particular de su provincia, y siguiendo los justos dictámenes de su conciencia en lo que ella les prescriba, aun cuando tuviesen órdenes contrarias que nunca son de presumirse, ni deben suponerse dadas con conocimiento de causa, después de la generosa accesión de las provincias a esta Unión, y sin que por ello pueda ni deba resultar cargo a los diputados procediendo de buena fe. Pero es libre a las mismas provincias revocarles sus poderes siempre que quieran, y subrogarles otros que ocupen su lugar.

Artículo 53. Por la misma razón tienen absoluta libertad para los debates y en ningún otro lugar podrán ser acusados, perseguidos, ni juzgados por lo que hayan escrito o discurrido en el ejercicio de sus funciones en el Congreso, antes bien, estarán exentos de todo arresto y prisión durante el tiempo de sus sesiones y cuando vayan y vuelvan al lugar de sus residencias, o estén empleados en comisión, si no es por algún delito capital u otro que arrastre infamia o confiscación de bienes por traición o conspiración secreta contra el Estado y por perturbación de la tranquilidad pública.

Artículo 54. Puede también el Congreso por justos y calificados motivos separar a un diputado que se haya hecho acreedor a esta demostración, por su conducta, o por excesos reprensibles que perjudicarían al honor del cuerpo, al secreto de sus deliberaciones, o al bien e interés general de la Unión, y la provincia a quien pertenezca sin réplica ni excusa le retirará los poderes y nombrará otro en su lugar.

Artículo 55. En dichos casos si los excesos o delitos en que haya incurrido un diputado fueren como tal, ofensivos a la Unión, y sujetos por lo mismo a su conocimiento, separado que sea del cuerpo por un acuerdo formal se entregará al Tribunal de Justicia del Congreso para que lo juzgue y castigue como corresponde; pero si fuere un delito común sin relación a lo oficial de su cargo podrá remitirlo a disposición de su provincia para que proceda contra él.

Artículo 56. Los diputados permanecerán por ahora en el ejercicio de sus funciones por el tiempo que se les haya señalado por sus provincias; pero se exhortará a éstas a que siendo dos, como se ha dicho, los nombrados se renueven anualmente cada uno de ellos, comenzando por los más antiguos o primeros, operación que podría hacerse en el año próximo de 1812, de modo que pudiesen entrar en funciones los nuevamente elegidos, a un tiempo todos, si fuese posible en 1 de enero de 1813.

Artículo 57. El Congreso no podrá resolver las cuestiones importantes sobre declaración de guerra o ajuste de paz, determinación de contingentes de tropas y dinero que deban suministrar las provincias para la defensa común, o de alguna de ellas en particular; construcción o adquisición y armamentos de buques de guerra, celebración de tratados de alianza, comercio, límites, etcétera, con las naciones o estados extranjeros; establecimiento de impuestos; despacho de patentes de corso y represalias en tiempo de paz; toma de dinero a crédito sobre los fondos de las Provincias Unidas; variación de la ley y valor de la moneda corriente o admisión de la extranjera, y estimación de su precisa; creación de papel moneda; alteración de pesos y medidas conocidas; acuerdo sobre materias de patronato, u otras graves eclesiásticas en que tenga que intervenir la suprema potestad de un Estado; separación de un diputado por excesos represibles en su conducta pública y privada; nombramiento de generales en jefe o comandantes de mar y tierra, cónsules y negociadores o ministros públicos cerca de otros Estados, sin la concurrencia y unanimidad de votos de las dos terceras partes de los diputados que actualmente se hallen en el lugar de la residencia del Congreso. Tampoco podrá nombrar secretarios y ministros de su despacho, jueces del Supremo Tribunal de Justicia, administradores, contadores y tesoreros de aduana, superintendentes, contadores y tesoreros de casas de moneda, administradores y contadores generales de correos, capitán de su guardia y otros empleos principales de responsabilidad y confianza, sin la concurrencia y unanimidad de votos de los dos tercios de miembros presentes, que deberán ser también por lo menos las dos terceras partes de los residentes en el lugar del Congreso. Las demás cuestiones de administración se decidirán por la mayoría de dichas dos terceras partes concurrentes; es decir, por siete votos si dichas dos partes concurrentes, por ejemplo, fueren doce. Un número menor de las dos terceras partes hábiles o en estado de concurrir al Congreso, solo podrá prorrogarse a otro día, y tratar de que se haga cumplir a los demás diputados con la asistencia debida por medio de los requerimientos o penas establecidas a este efecto por el mismo Congreso en el reglamento de su organización y procedimiento interior. Los diputados se someterán, pues, a todas las decisiones o resoluciones causadas de este modo, aun cuando sean contra su propio dictamen, y las suscribirán, obedecerán y cumplirán, lo mismo que sus respectivas provincias, aprobados que sean por ellas los pactos de esta Unión; quedando no obstante a dichos diputados la facultad de salvar sus votos particulares, y aun pedir testimonio de ellos en caso que la materia por su naturaleza no pida sigilo y reserva, en el cual quedarán consignados en el libro de acuerdos, para cuando cesando este motivo, se les puedan dar sin peligro.

Artículo 58. Son por ahora de cargo de las provincias los sueldos, gratificaciones o salarios de sus representantes, mientras que se pueda proveer a este objeto de los fondos comunes del Congreso, fijado el número permanente que deberá quedar de ellos en lo sucesivo, y distribuidos los poderes de la Unión.

Artículo 59. El ejercicio de estos poderes queda atribuido al Congreso en todos los objetos de su inspección, pero como principalmente y judicial embarazaría la atención debida a puntos más importantes, cuales son los de la defensa común y bien general, el Congreso creará el tribunal o tribunales que tenga por convenientes, fuera de su seno para atender a este ramo, reservando el ejecutivo y legislativo para ejercitarlos por sí mismo, bien en común, bien por secciones, según lo permita el número de diputados, y la gravedad de las materias que hoy nos ocupan.

Artículo 60. Para la debida organización de estos poderes, o el más acertado desempeño de sus funciones, el Congreso hará los reglamentos que estime oportunos, mientras que una Constitución definitiva arregla los pormenores del gobierno general de la Unión.

Artículo 61. Removidos los peligros que hoy nos rodean, reunidas las provincias que definitivamente compondrán esta Unión, y conocida exactamente su población (para lo cual hoy se excita su celo, encargándoles que para éste y otros objetos, remitan a la mayor brevedad sus padrones con toda la claridad y distinción posibles), se convocará la gran Convención Nacional sobre esta misma base de la población para darse dicha Constitución; a menos que las provincias quieran someter esta obra al Congreso, sujeta no obstante siempre a su sanción.

Artículo 62. A este fin se prepararán los materiales con todas las observaciones que enseñe la experiencia, y se convidará a los sabios de la Unión a que presenten sus ideas e ilustren a sus conciudadanos para disponerlos a un gobierno liberal.

Artículo 63. Los juicios pertenecientes al Congreso, bien por la infracción de sus leyes, bien por ser de objetos de su privativa inspección que deban hacerse fuera de su residencia por no gravar a las partes con recursos, a lo menos en las primeras instancias se harán por comisiones, o delegaciones, o del modo que se crea más equitativo, más imparcial, y más apto para descubrir la verdad, y para la recta administración de justicia, con reserva de las últimas instancias si lo pidiere la materia, al alto Tribunal de Justicia que deberá residir a las inmediatas del Congreso.

Artículo 64. Pero no será prohibido a los ciudadanos de una provincia demandar, si lo tienen por conveniente, o seguir sus instancias y querellas, ante los respectivos tribunales o juzgados de los reos demandados y pactarlo así en sus particulares instrumentos y contratos, renunciando todo otro derecho que les competa, y sometiéndose a las leyes y jueces del país; y una vez hecha esta sumisión o renuncia en lo que no perjudique a la Unión y sea de un interés particular de los ciudadanos, no podrán apartarse de ella ni desistir, y deberán ser obligados a cumplir con su tenor.

Artículo 65. Igualmente les es permitido hacer decidir sus diferencias por árbitros como lo tengan por conveniente, bien eligiéndolos de los ciudadanos de ambas provincias de donde fueren los contendores, bien de cualquiera de ellas o de una tercera, bajo las penas o en los términos que se hayan convenido, y en que no haya ningún perjuicio de la Unión.

Artículo 66. Tampoco se hará novedad en las causas ya pendientes en los tribunales de las provincias, por voluntaria sumisión o aquiescencia de los ciudadanos en todo lo que haya sido y sea de su particular interés finalizándose en donde estén comenzadas.

Artículo 67. El Congreso creará las oficinas y empleos subalternos que necesite para la expedición de sus negocios, según se lo vaya enseñando la experiencia, y escogiendo para ellas los ciudadanos más aparentes de la Unión, lo mismo que para sus comisiones y tribunales de justicia. Bien entendido que los jueces, oficiales y dependientes que estén a sueldo de la Unión no podrán estar al mismo tiempo en servicio de ninguna provincia en particular, ni recibir pensión ni gratificación de ella por sí o por medio de otro, lo mismo que se entenderá respecto de los miembros o individuos del Congreso.

Artículo 68. Tampoco podrá ninguno de éstos ni aquéllos, recibir dádivas, emolumentos, comisiones, empleos, títulos ni distinciones personales o hereditarias de ningún príncipe, rey o estado extranjero, ni el Congreso mismo podrá otorgar gracias que induzcan división de clases entre los ciudadanos, y que solo se inventaron para comprar la libertad de los pueblos. Pero bien podrá premiar de otro modo las acciones ilustres y heroicas con que se distingan los mismos ciudadanos, siendo no obstante muy reservado en esto, y dirigiendo sus premios más bien a fomentar la virtud y el amor de la patria que a satisfacer el orgullo y vanidad.

Artículo 69. El tratamiento del Congreso será Alteza Serenísima; el de su presidente, si lo hubiere con atribuciones separadas, o en las comunicaciones oficiales que se hagan por medio de él, y lo mismo el del Poder Ejecutivo si se creare, será de Excelencia; el de las comisiones o miembros separados del Congreso, ministros o secretarios, hablando oficialmente, Señorías; en particular, por escrito y de palabra, de Merced como todo ciudadano; y el que se dé por el Congreso, su presidente, Poder Ejecutivo, comisiones o individuos a los gobiernos y legislaturas provinciales, Excelencia o Señoría, según lo adopten en sus respectivas constituciones, Con el extranjero y con los demás gobiernos independientes el que esté recibido, o se hayan atribuido.

Artículo 70. El Congreso tendrá una guardia nacional moderada, y que manifieste más el decoro del cuerpo, que un aparato y pompa estéril, economizando en lo posible los gastos.

Artículo 71. La Confederación tendrá un sello particular que se señalará después para las patentes, despachos y demás piezas oficiales que lo necesiten; y su violación y falsificación, lo mismo que la de la moneda y cualquiera otro resguardo o seguro de la Unión, estará sujeta a las penas actuales de las leyes, y a las que atendida la naturaleza y gravedad de los delitos se tenga por conveniente imponer.

Artículo 72. Las leyes que para estos y otros casos regirán por ahora en los tribunales de la Unión, son las que nos han gobernado hasta aquí en lo que no sean contrarias a estos pactos, incompatibles con el actual estado de las cosas, y la situación política del Reino o Provincias de la Nueva Granada.

Artículo 73. Cada seis meses, o a lo menos anualmente, imprimirá el Congreso el estado de sus fondos, deudas, gastos, entradas, salidas y existencias con la debida distinción de ramos de su procedencia, y objetos de su inversión, y de tiempo en tiempo imprimirá también las actas de sus resoluciones en lo que sin peligro pueda comunicarse al público.

Artículo 74. Nada de lo contenido en esta acta podrá revocarse sin expresa determinación de las provincias, para cuyo efecto deberán ser oídas, lo mismo que lo han sido y van a serlo para su sanción; y nada de lo obrado contra ella tendrá autoridad ni fuerza alguna, como hecho contra su expresa y declarada voluntad.

Artículo 75. Si sobrevienen materias de tan alta gravedad, que no estén comprendidas en los pactos de esta federación, ni en sus reglas generales, y por otra parte pidan sin peligro en la tardanza la resolución de las provincias, se las consultará sobre ellas; pero, si hubiere un riesgo en la dilación, se tomará provisionalmente la medida que se crea más juiciosa, sujeta siempre a la sanción de las mismas provincias.

Artículo 76. Una vez aceptados los pactos de esta Unión, ninguna provincia tiene facultad para denegarse a su cumplimiento, y podrá ser compelida a él por todos los medios que estén al arbitrio del Congreso y de las demás provincias comprometidas en ella; y las provincias se obligan solemnemente a cumplir este deber sin que nada les pueda excusar de él, sobre que empeñan su honor, y la fe que llevan protestada.

Artículo 77. Los presentes tratados serán presentados a la ratificación o sanción de las provincias, por medio de sus legislaturas, juntas o gobiernos provinciales, suficiente y competentemente autorizados a este fin; y las mismas se entenderán en lo sucesivo para cuanto pueda ocurrir.

Artículo 78. Las provincias o sus cuerpos representativos y legislativos darán a la mayor brevedad posible su ratificación, aprobación u observaciones sobre el dicho tratado en general; o alguno, o algunos de sus Artículos en especial; pero como entretanto nos estrechen las circunstancias, y sea bien pronunciada la voluntad de todas o casi todas las que han podido explicarse libremente sobre este particular, de unirse por los principios que se acaban de acordar que son los que hoy reclama imperiosamente nuestra situación, los únicos que pueden salvarnos, los que han adoptado y seguido naciones más sabias, y que hoy hacen su felicidad; los presentes diputados seguirán cumpliendo con el tenor de sus poderes e instrucciones formándose al efecto en Congreso, y trabajando en cuanto crean propio de su instituto y se dirija al bien y seguridad común.

Libros a la carta

A la carta es un servicio especializado para
empresas,
librerías,
bibliotecas,
editoriales
y centros de enseñanza;
y permite confeccionar libros que, por su formato y concepción, sirven a los propósitos más específicos de estas instituciones.

Las empresas nos encargan ediciones personalizadas para marketing editorial o para regalos institucionales. Y los interesados solicitan, a título personal, ediciones antiguas, o no disponibles en el mercado; y las acompañan con notas y comentarios críticos.

Las ediciones tienen como apoyo un libro de estilo con todo tipo de referencias sobre los criterios de tratamiento tipográfico aplicados a nuestros libros que puede ser consultado en Linkgua-ediciones.com.

Linkgua edita por encargo diferentes versiones de una misma obra con distintos tratamientos ortotipográficos (actualizaciones de carácter divulgativo de un clásico, o versiones estrictamente fieles a la edición original de referencia).

Este servicio de ediciones a la carta le permitirá, si usted se dedica a la enseñanza, tener una forma de hacer pública su interpretación de un texto y, sobre una versión digitalizada «base», usted podrá introducir interpretaciones del texto fuente. Es un tópico que los profesores denuncien en clase los desmanes de una edición, o vayan comentando errores de interpretación de un texto y esta es una solución útil a esa necesidad del mundo académico.

Asimismo publicamos de manera sistemática, en un mismo catálogo, tesis doctorales y actas de congresos académicos, que son distribuidas a través de nuestra Web.

El servicio de «libros a la carta» funciona de dos formas.

1. Tenemos un fondo de libros digitalizados que usted puede personalizar en tiradas de al menos cinco ejemplares. Estas personalizaciones pueden ser de todo tipo: añadir notas de clase para uso de un grupo de estudiantes, introducir logos corporativos para uso con fines de marketing empresarial, etc. etc.

2. Buscamos libros descatalogados de otras editoriales y los reeditamos en tiradas cortas a petición de un cliente.